1. Auflage 2007

Copyright Monika Riedl Christallmanufaktur. Alle Rechte vorbehalten.
Nachdruck jeder Art nur mit schriftlicher Genehmigung des Verlags.

Texte, Bilder und Werke: Monika Riedl
Layout: Grafik-Atelier Dietrich
Druck: Schönleitner, Kuchl

ISBN: 978-3-9502373-0-6

Ich bin M-ich

gelebte Botschaften des Seins

inka

Monika Riedl

Ich bin ....

die Neugierde, die Suche, die Sehnsucht des Verstehens und die Freude des Entdeckens, es lohnt sich.

Schon sehr klein, verstand ich die Einfachheit des Erdenseins nicht, es muss doch ein Bild geben, dass mich verzückt, das mich beigeistert.

Das Wissen in der Schule ist getragen von der Lehre der Geschichte, der Physik, der Mathematik, und und ...

und wo ist die Alchemie, die Philosophie, die Wahrheit des Lebens, die Sprache meiner Seele – wer bin ich, was will ich, wo geh ich hin, wie ist mein Weg, wieso bin ich hier,

Nirvana, Ausstieg, Aufstieg, Gott, Leben, Liebe, Suche und alles waren Eindrücke, die mich erstarrten in meiner Sprachlosigkeit, in meinem Mitlaufen und in meinem Bemühen zu sein in der Funktion der gewünschten Struktur.

Mir war das zu leer, zu einfach, zu wenig, die Vision und der Traum:

Ich wünsche mir Besonderes zu schaffen für die Menschen, für die Freude, für die Liebe und für die Gesundheit!

Ja ich lebte, ich arbeitete, ich ging durch meine Grenzen, ich ging durch meine Schmerzen, ich ging zu meinem Schrei und diese Sprache lies mich erkennen, mich und wieder mich.

Die Krankheiten und meine Erschöpfungen gaben mir die zwingende Ruhe zum Gespräch in mir. Es ist so schön, langsam und stetig die Strukturen zu entdecken. Die Muster der anerzogenen und genetischen Belastungen in sich und seinem Umfeld zu spiegeln und zu sehen und zu hören und zu wandeln!

Diese Situationen geben mir die Gelegenheit mich in mir zu festigen. Meine Werte wie Achtung, Würde, Respekt, Liebe, Wert und Göttlichkeit wachsen wie ein Baum in die Entfaltung meines eigenen Ich bin.

Das Lachen mit den Menschen ist die Freude und der wahre Spiegel meines Seins. Zuerst war es zögerlich, nur in der Ebene des oberflächlichen Seins, jedoch spürte ich die Tiefe und den Kanal zu meinem Herz.
Wie eine Treppe öffnet sich die Schwingung des Lachens zu neuen Antworten in meinem Leben.

Die Angst löst sich auf, das Vertrauen zu seinem eigenen „Ich bin" Licht, Liebe, Lachen und Lebendigkeit wird von Tag zu Tag kraftvoller.

Die Umwandlungen von den Ängsten, den Sorgen in das Vertrauen, in das Vermögen und in das heilige innerste Sein wird immer spannender.

Der neue Tag beginnt mit der schönen Erwartung „was entdecke ich heute, wie viel Licht und Liebe und Lachen strahle ich aus, oder bedarf es heute einen Tag des Spaziergangs, der Ruhe und der neuen Erkenntnis.

Ja, täglich wachsen wir, mit unserer Vision, mit unserer Nahrung, mit unserer frohen Botschaft, mit unserer Berufung und unseren Freunden.

SEI DU – SEI DEIN ICH

Transformiere die Strukturen in kraftvolle Lichtstrahlen, lachende Wellen und die Gewissheit „ich bin und alles ist gut so wie es ist".

Erkenne Dein Selbst, dass ist Dein Leben, das ist Dein Sein und Deine Liebe zu Dir und zu ALLem was ist!

ICH BIN ICH – es ist in Dir!

Jetzt

Monika Riedl

Ich bin M-Ich

Traum

Ein Gedanke, ein Traum und eine Zeit der Besinnlichkeit

Besinnen auf das Eigentliche,
Besinnen auf das Wesentliche
und auf das Wünschenswerte

Innen Ruhen – Innen Vertrauen – Innen Stärken

Träumen von den Farben der Kraft
Träumen von dem Wind der Berührung
Träumen von den Wellen der Liebe
Träumen von den Strahlen der Sehnsucht
Träumen von dem Weg zum Neuen

Spüren die Atmosphäre in sich
Spüren die Wärme im Herzen
Spüren das Lachen der Augen
Spüren die Hände die empfangen
Spüren das Kribbeln der Gedanken

Empfangen die Freude des Seins!

Ich bin M-Ich

Strom

Sprudelnde Quellen
die prickeln zum endlosen Strom
die tragen die Fundamente des täglichen Seins
die Freude vermitteln zum Gefühl der endlosen Harmonie im Jetzt.

Atme die Inspiration der Unendlichkeit

Spüre die bewegenden Lüfte auf den Poren jedes
einzelnen Hautsegmentes und lass sie kribbeln hoch
zum Sinn der erotischen Stimulation.

Aufkeimende Spannung zum Ausspruch des eigenen Gefühls
die tragen die Säulen des Atemzuges zum Leben.

Ich bin M-Ich

Visionen

laden ein zum Träumen

Träume die Freude des Entstehens
um zu würdigen das Leben

in ihrer Form
in ihrer Farbe
und in ihrer Fröhlichkeit

schöpfen aus dem Universum
aus dem Menschen und seiner Natur

Erschaffen das Neue aus der Unendlichkeit
der Materie und des Seins

Erschaffen für das
lachende Herz

Erschaffen für das
funkelnde Licht

in J-Eden!

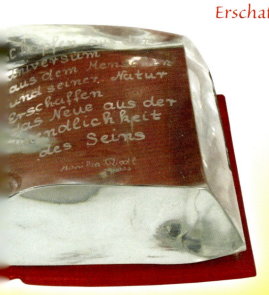

Ich bin M-Ich

Klang

Klar wie die Freude im Sein
lebendig die Klänge der Natur
umschließen den Menschen mit wunderschönen Impressionen
und
verherrlichen zu einer sagenhaften Komposition des Lichts.

Unerklärlich die Wogen der Harmonie
die spannen den Bogen zu endlosen Ewigkeit des Seins.

Freude erleben
Freude empfinden

und fühlen die Taubheit des Drucks

Ablegen die Herausforderung
um zu erwärmen zur Seele des Lichts.

Ich bin M-Ich

Glück

Glück ist die Harmonie des Fühlens

erleben das Strahlen des Herzens
erwachen mit der Freude auf das Neue
Schönheit im Herzen
Schönheit im Leben

Wärme die strahlt für die Zukunft

Erfreue Dich täglich
am Glück, an der Liebe
an Deiner Einzigartigkeit
Erfreue Dich an Dir
an der Liebe
an der Schwingung
Deines Herzens

Ich bin M-Ich

Licht

Leben heißt fühlen die Antwort
Erkenne das Leben das geht ...
Freude erleben,
Erbringe die Achtung,
wir ergeben
wir tun

Ich bin M-Ich

Leben

_____ den Strom der Liebe für Dich
_____ Erkenne das Licht, ... zu Jeden
_____ um zu geben den Segen
_____ um zu erhalten die Gabe des Sehn´s
_____ wir ersehnen
_____ zum ...

Ich bin M-Ich

Freude

Schwingen in der Freude des Lebens
Tanzen in der Welle des Zaubers
Freuen mit dem träumenden
Gedanken des Seins
Weilen in der Weichheit
des Energieflusses
Erspüren den Sinn des Erfahrens
Aufbauen und Gehen
den Weg des Lebens im
Jetzt

Ich bin M-Ich

Melodien

Melodien, die malen, die zeichnen
die singen das Glück

Melodien, die freuen, die tanzen
die lachen das Leben

Melodien, die wärmen, die strahlen
und beleben die Seele

Melodien, die träumen und erfahren
den besonderen Tag

Ich bin M-Ich

Ich bin M-Ich

Spiele des Windes

Fließen wie der Wind

tanzen wie die Blätter

empor steigen im Sturm

konzertieren die Musik

und durchbrechen

die Wand der Lust

ruhen im Balsam der Seele

ZUHAUSE in Dir!

Ich bin M-Ich

Schälen die Haut des Lebens

Atmen um zu Leben
Atmen um zu Entfernen
Atmen zum Weichen des Balastes

Schälen die Haut
Schälen die Stärke
Schälen die Fesseln

Loslassen um zu Vertrauen
Loslassen um zu Entspannen
Loslassen um zu Entdecken

Freisein für mich
Freisein für die Seele
Freisein für die Liebe
Freisein für das Leben

Geburt

Ich bin M-Ich

Annehmen

das Blut des Lebens,
pochend bewegen die zitternden Hände,
fühlen den Fluß der Lebensenergie,
lachende Augen, die Sehen das Ich,
erkennen den Körper der weich geht im Wind.

Springende Gedanken, die erahnen,
die Lebendigkeit der Träume,
die Kraft des Ausdrucks
zum Erleben der Weiblichkeit,
zum Erleben der Fantasie ohne Grenzen,
sprengende Grenzen die öffnen den Weg
zum ich.

inka

Ich bin M-Ich

Ich bin M-Ich

Lieben

Lieben mit der Weiblichkeit der Seele
Fühlen mit den Funken der Berührung
Empfinden die Sehnsucht der Verschmelzung
Spüren
die Strahlen des Herzens

Lieben die Sinne
Lieben die Träume des Seins
Lieben das Leben
das Leben
im endlosen Raum

Ich bin M-Ich

Anerkennung

Das Kribbeln der Erwartung!

Die Neugier, die drückt!

Die Freude des Unbekannten!

wächst in die Dimension des Unerträglichen!

Die Atmosphäre der Harmonie
das Erleben der Entspannung,
des Ausdrucks und der Integration des Traumes!

Erwache in die Realität des Wahns
Wahn von Inspiration, Glück
und unermäßlicher Reichtum!

Reichtum der Hoffnung, der Geburt
einer weiteren Vision .....

..... LEBENSGLÜCK

Ich bin M-Ich

Fühlen und Leben

Freuen und Tun
für die Gemeinsamkeit
für das Werden
im neuen einzigartigen Licht.

Entdecke die Ebene des Höheren
erahne die unendliche Liebe

Finde die strahlende Seele
die ängstlich wirkt.

Finde...

Ich bin M-Ich

Ich bin M-Ich

Leben

Leben erkennen
Leben erneuern
Leben ernennen und vergeben

Eigenartig, wie es wirkt
Eigenartig, wie es fühlt
Eigenartig, wie nicht verstanden
man wird nicht erfühlt

Erfühlen das Gewirr der Stimmung
Ergeben im Sein – Gegenüber
verstehen im Geben – Gegenüber
Geben das Licht des Lebens
verstehen – verlieben
ICH
DU
allezeit

Ich bin M-Ich

Geburt

Fließen hinüber in die tödliche Geburt,
um zu erkennen den Weg,
der wir sind im Licht.

Erkennen, erfahren und vergeben für die
Harmonie,
der Zukunft,
fürs Zuhause im Ich
und Du

Ich bin M-Ich

Mutter

Für die Mütter dieser Welt
Für meine Mutter die ich einfach liebe!
Es ist schön Sie zu fühlen
Es ist schön Sie zu erkennen
in den Worten die mich stützen
in den Gestiken die ich gebe
in den Wogen der fließenden Energie
die ich bin
zu leben in ihr, mit ihr und zu multiplizieren
die Handlung des Lebens
zu geben die Sinnhaftigkeit des Seins
in mir und im Umfeld

Geben die Werte des Lebens von ihr an uns
für die Seele der Welt
für die Liebe der Harmonie und
für die Hymne zu leben die Zukunft im Jetzt.
In den Morgen verwandelt die Mutter
zu der ursprünglichen Lebenswahrheit

Ein Dank für immer – every day

Ich bin M-Ich

Vater

Ich war bei meinem Vater den Wind
und meiner Mutter Erde
Ein fröhlicher Gesang mit den Geschwistern der Luft
erfüllen meine Seele mit dem Licht des Lebens
Freiheit im Fühlen, im Denken und
in der Wärme des Lachens.
Es ist schön zu leben
und fallen ins Licht
des Geben´s
Geben die Freude des Sein´s

Ich bin M-Ich

Sei...

Erwache im Strom des Lebens
fühle die Träume der Seele
und lache mit der Sonne
frohlocke mit der Stimme des Herzens
und lebe in der Liebe zu Dir und Jeden

Sei wahr, wie das Ich
das Du trägst

Sei stark für die Wahrheit
der Freude und des Lichtes

Sei da für Dich, für Jeden

Jeden Tag ein bisschen mehr
und fühle die Kraft
im universellen Sein.

Ich bin M-Ich

Ich bin M-Ich

Licht-Bote

Es ist geboren das Licht der Liebe

Klein, zart und mit der Wärme des Herzens
liegt es in der Wiege
im Kinderbett der Familie
Geborgen und mit den strahlenden Augen
der Eltern wohl behütet.

Es ist in der Spannung, im Beobachten
und im Fühlen des Neuen.

Noch erleuchtet von den Wogen
der Unendlichkeit des Seins.

Freude und Licht ist geboren
im Licht des Seins

Ich bin M-Ich

Ich bin M-Ich

Ich gehe den Weg...

für die Sonne, die scheint
für die Liebe, die trägt
und das Wahre, das wirkt!

Erkenne die Tiefe, die trägt
das Bewusstsein der Welt!

Erkenne die Würde des Seins
und die Ebene des ICH!

Erlebe jeden Tag die Wahrheit des Lichtes
verbunden im Einsein der Menschheit
in der Natur und der Lebenskultur
entwickeln auf der Stufe des Erfahrens

Gehe und lebe mit Freude, Achtung
und Würde für jeden

mit J-Eden.

Leg nach...

feure und schürre das Leben
mit Kraft, mit Poesie und mit den Werten der Wahrheit!

Nimm das Holz, um zu wachsen
wie die anfängliche Vorsicht
zur unermesslichen Größe
Deiner Lichtsäule –
Leg nach

Leg nach –
in der Flamme des Lebens

Füttere Deinen Ehrgeiz zum Streben und Gehen Deinen Weg.

Erfolg der sich füttert wie die Zunge im Feuer der Auferstehung

Schürre das Licht um heller und heller zu werden
im Sein des Jetzt!

Ich bin M-Ich

Der Glanz…

des Prunks
vergeht in den Wogen der Unendlichkeit
verlieren den Zauber des Gebrochenen
um zu werden wie die Herausforderung für die
Unendlichkeit des Jetzt –
verändern

Verändern um zu werden für die Neue Epoche

Verändern um zu Sein
die Freude und Geburt des Sein´s

Leben bewusst
Leben neu
Leben tief
und bauen das neue Tun

Ich bin M-Ich

Ich bin M-Ich

Schatten

Dunkle Schatten, die erfahren den Weg
die wachen mit der Begeisterung
des Wissens,
werden Weise, um zu führen
die Seele ins Licht

Meine, Deine, Seine und Unsere

Erkenne die Freude
Erkenne das Wir

Aufrufen zum Schrei der Liebe

Mitnehmen das gemeinsame Glück
aus dem Schatten
ins Licht

Ich bin M-Ich

Rinde sehen – Rinde fühlen

wie das Geheimnis, das sich lüftet

Spannung die empor steigt in die Gefühle des Seins

Schälen und Öffnen den Druck,
bringen zum Explodieren und werden
zu grellendes Licht

Licht für die Reinheit der Seele
Licht für die Säulen der Liebe,

um zu fühlen die Gemeinsamkeit
der Menschen

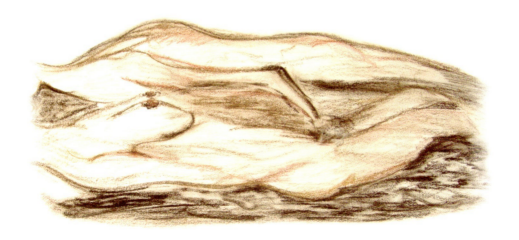

Innen Ruhen – Innen Sein

verstehen, wie das wenn
jedoch kann es sein
wir sind trunken wie der Wein
bedächtig gehen wir die Freud
fröhlich sollen wir sein
glücklich wollen wir sein
wir jagen, wir rennen und wir
sind in Allem und im Jedem

Wo sind wir im Jetzt
wann sind wir in uns

Stopp und leg alles in den Moment des Seins
SEI DU – SEI ICH – JETZT

Und was bin ich dann,
der Traum den ich jetzt fühl,
die Vision, die ich wünsche,
die Spannung, die ich erwarte
für das Licht, das wir sind

WIR ICH DU UND DU

Ich bin M-Ich

Ich bin M-Ich

Engel

ich fühle Deine Liebe
und spüre Deine Geborgenheit!

Es ist waren die Freude
von Einssein und erwarten die
Entspannung im Sein mit Dir!

Erkenne das Besondere auf der
Ebene des Hohen Seins!

Sein mit der Liebe

Sein mit der Freude

Sein im Erwarten der Kunst im Leben
und im Jetzt –

J-Eden Tag

Ich bin M-Ich

Isis

„Göttin des Lichts"

Licht das du bist
Kraft die du gibst
Liebe die erstrahlt und Freude die du fühlst
leben im sein der göttlichen Wahrheit
in Dir und in mir
Alles ist ein - den es ist sein - wie in der Ewigkeit
nicht bist du vergänglich
nicht bist du ewig
im jetzt sondern im Sein

danke für das Licht das du bist
danke für die Kraft die du gibst
lebe in dem Wissen des Sein
allezeit und alles ist im
ich bin

schwingen in der Weite des ewigen Sein
schwingen in den zitternden Wogen

in der rufenden Kraft
die du bist
im ICH

Ich bin M-Ich

Fühl Dich geborgen...

ich nimm Dich mit Liebe zu mir

Sei eins mit meinem Licht
meinem Gefühl und meiner Stärke

Geb dir Geborgenheit
leb ein Zuhause
ich in Dir, Mir und Uns!

Für meine kleine Seele die ich führ ins Licht
Für alle Seelen die leben im Licht!

Die Autorin

Monika Riedl:

Ich lebe meinen Traum, ich erschaffe meine Gedanken, meine Gefühle und mein Streben in der Einheit der Malerei, der Poesie und in der christallinen Heilenergie. Mit dem schönen Handwerk der „Christallmacherei" erschaffe ich mit meinem Team „Lichtvolle Christallprodukte". Das Wohlfühlen und der Energieaufbau für den Menschen, das Tier und die Natur wird gestärkt.

Vereint mit dem Kunden gebe ich mein Lebensmotto „das Besondere für den Menschen!" in meiner Hände-Werk zum Ausdruck. Gesegnet mit dem Dank, der Genesung und der lachenden Gesichter meines Umfeldes erstrahlt in mir stets ein neues Feuer der Be-Geist-erung!

Viele Vorträge, Seminare und auch Einzelsitzung runden meine Botschaft für Sie ab. Mit diesem Buch wird mein Verein „lachende christalline Kinderaugen" finanziell gestärkt und der Erlös kommt der Talentförderung unserer Kinder zu GUTE!

Viel Licht

Monika Riedl

Monika Riedl Christallmanufaktur • 5431 Kuchl • Garnei 147 b
Tel. +43 6245 70787 • info@riedl-glaskunst.com • www.riedl-glaskunst.com